L'éditeur tient tout particulièrement à remercier pour la décoration des œufs, Gabriella Szutor.

Vous venez d'acheter cet ouvrage et nous vous en remercions vivement.
Si vous désirez être tenu au courant des publications, il vous suffit d'envoyer vos nom et adresse à: **Éditions Didier CARPENTIER,**
***Bureau:* 4, rue Laferrière, 75009 PARIS, Tél.: (1) 48 78 79 36 Fax: (1) 42 82 91 99.** *Siège social:* 5, rue de Douai, 75009 PARIS.

Dépôt légal: mars 1995
ISBN: 2-906962-84-8 - ISSN: 1151-616X
Imprimé en France

ARTS ET TECHNIQUES DES *œufs* DÉCORÉS

En remerciement à

Gabriella SZUTOR

1er prix du salon International des œufs décorés 1994 - Compiègne

Éditions Didier CARPENTIER

Sommaire

Introduction

*Pour la première fois,
voici présenté dans un seul ouvrage
le plus grand éventail de techniques traitant
de la décoration des œufs.*

*Résolument exhaustif, il présente les différentes techniques,
sous un aspect pratique (des explications simples illustrées
de nombreuses photos d'étapes et de dessins, le tout accompagné de photos
détaillées des modèles proposés grandeur réelle).*

*La qualité des modèles et la variété des idées proposées donnent l'occasion
d'aiguiser votre sensibilité et votre goût. Cet ouvrage montre clairement
qu'art et technique sont ici difficilement dissociables,
car la compréhension de l'un passe par la maîtrise de l'autre.*

*Toutefois, gardez-vous de brûler les étapes car le niveau technique atteint dans
la réalisation de certains modèles découle de l'expérience
et de l'habitude mettant en premier plan l'importance des "tours de mains".*

*Pour cette raison, il est préférable de commencer avec des modèles
simples et de continuer avec des modèles plus élaborés de façon
à vous familiariser progressivement avec les différentes techniques.*

*En effet, de l'assurance et de la précision de vos gestes
dépendra la réussite de vos modèles et la facilité avec
laquelle vous exprimerez votre sens artistique.*

Conseils généraux

Matériel

Une casserole - un récipient en verre - un couvercle - de la cire d'abeille - une bougie - de la colle à papier peint - du vinaigre - un poinçon - une pipette à poire pour vider les œufs - un crayon à papier (ou un critérium) HB - un jeu de pinceaux (fin, moyen, large) et une brosse - une brosse à dents - un crayon blanc - un rapidographe - une pointe sèche - un porte-plume et des plumes - un porte-buse pour la cire d'abeille - un cutter - des lames de rasoir - une paire de ciseaux - du papier de verre fin - des vieux magazines - du papier cadeau - du papier à dessin - du carton fin - du carton fort 8/10e de mm pour la réalisation des boîtes - du rhodoïd - de l'encre de chine - des colorants - des peintures acryliques - des solvants appropriés - du vernis - de la plastiline - des chiffons - du molleton - un morceau de bas en nylon - des petits anneaux en bois - des oignons - de la paille - du sable fin - des feuilles ou des fleurs.

Choisir les œufs

Le choix tient compte d'un facteur essentiel : la régularité de la coquille. Elle doit être lisse et bien formée. La taille importe peu, elle est fonction des variétés que vous pourrez trouver. De la plus commune à la plus rare, toutes sont adaptées à la décoration. Toutefois, il est plus judicieux de se faire la main sur des œufs de variétés courantes. En effet, les débuts dans l'exercice de ces techniques n'étant pas sans maladresse, il vous en coûtera moins de casser un œuf de poule plutôt qu'un œuf de nandou ou d'autruche.

Vider les œufs

Toutes les décorations présentées dans ce livre sont réalisées sur des œufs vides. Vider l'œuf permet d'éviter à long terme le pourrissement et le risque de cassures. L'opération peut s'effectuer avec une pipette à poire ou selon la méthode tra-

1

2

ditionnelle, c'est-à-dire en aspirant le contenu de l'œuf. Dès cet instant, celui-ci perd entre vos mains sa qualité d'œuf pour commencer sa nouvelle fonction d'objet d'art. Voilà pourquoi cette première transformation revêt toujours un caractère un peu magique.

Pratiquez, en premier lieu, un petit orifice à la base de l'œuf avec un poinçon ou un petit tube emporte-pièce, à bord abrasif, de Ø 1,5 mm. Posez l'outil sur la coquille et tournez-le doucement en exerçant une très légère pression *(ph. 1)*. Le trou pratiqué, videz l'intérieur.

Si vous utilisez une pipette pour vider l'œuf, introduisez l'extrémité du tube à l'intérieur et actionnez la poire en exerçant de petites pressions répétées. Videz le contenu de la pipette aussi souvent que vous le jugerez utile (ph. 2).

L'œuf étant maintenant débarrassé de son contenu, lavez soigneusement l'intérieur de la coquille et laissez sécher. Veillez à ce que les œufs soient parfaitement nettoyés car des parasites pourraient y trouver refuge.

Précautions

Placez sur votre plan de travail un chiffon doux (molleton) pour prévenir toutes chutes éventuelles de l'œuf. Il est important de bien dégraisser la coquille à l'eau vinaigrée. Utilisez la pipette pour l'intérieur de l'œuf et frottez avec modération l'extérieur pour ne pas enlever l'émail naturel.

Conseil

La décoration des œufs se fait en plusieurs étapes, aussi serez-vous amené à les laisser sécher régulièrement ; placez-les, pour cela, sur des tiges de bois et piquez-les dans du polystyrène *(ph. 3)*.

Présenter les œufs

Pour les faire tenir debout, placez-les sur des socles circulaires : anneaux de tringle à rideaux ou petits piètements que vous confectionnerez en rhodoïd *(fig. 1)*.

3

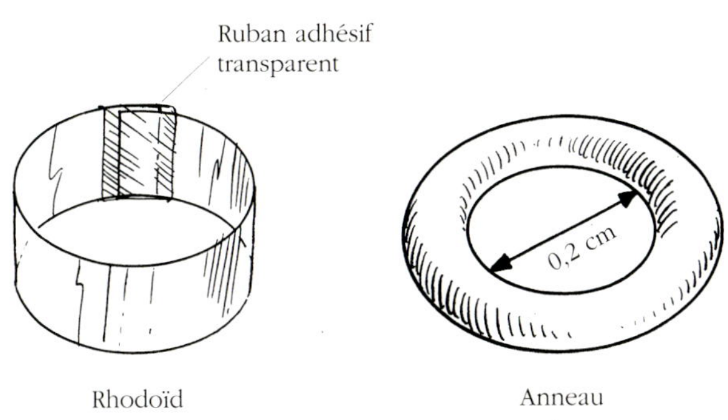

Fig. 1

Teinture à l'oignon

Décors réalisés avec des feuilles

Dans ce procédé, les feuilles sont utilisées comme des caches faisant écran à la teinture et préservant ainsi la couleur de la coquille. Leur dessin apparaît alors en clair sur un fond de teinture.

Rassemblez un certain nombre de petites feuilles, humidifiez-les légèrement et appliquez-les délicatement sur votre œuf.

Recouvrez l'ensemble d'un morceau de bas en nylon et serrez celui-ci en tournant les deux extrémités entre le pouce et l'index, liez avec un cordon *(photo ci-contre)*. Attention, veillez à bien positionner et bien plaquer les feuilles sur l'œuf lors de l'opération.

L'œuf est maintenant prêt à être teint.

Teinture des œufs

Cette opération nécessite l'emploi d'une quantité assez importante de pelures d'oignons. Dans ce but, pensez à mettre de côté les pelures au fur et à mesure de votre consommation personnelle d'oignons.

Remplissez une petite casserolle de ces pelures, couvrez complètement d'eau et portez à ébullition pendant environ 15 mn.

La couleur de votre teinture est fonction de la quantité de pelures ; plus vous en utiliserez, plus votre teinture sera foncée.

La cuisson terminée, enlevez les pelures à l'aide d'une passoire pour récupérer la "décoction" encore chaude.

Versez-la dans un récipient et plongez-y aussitôt l'œuf. Appliquez un couvercle suffisamment lourd et de préférence retourné *(fig. 1, p.8)* pour mainte-

nir votre œuf immergé pendant toute la durée de la teinture. Le temps d'immersion varie de 5 à 10 mn selon la teinte souhaitée, plus l'immersion est longue, plus la teinte est foncée.

De nombreux modèles de cet ouvrage font appel à ce procédé de coloration, mais comme pour les "décors réalisés avec des feuilles", la plupart demandent une préparation spécifique.

Attention, la teinture peut être réutilisée si vous avez employé des caches à base de feuilles *(p.6)* ou en papier, mais ne peut l'être si vous avez employé des caches en cire.

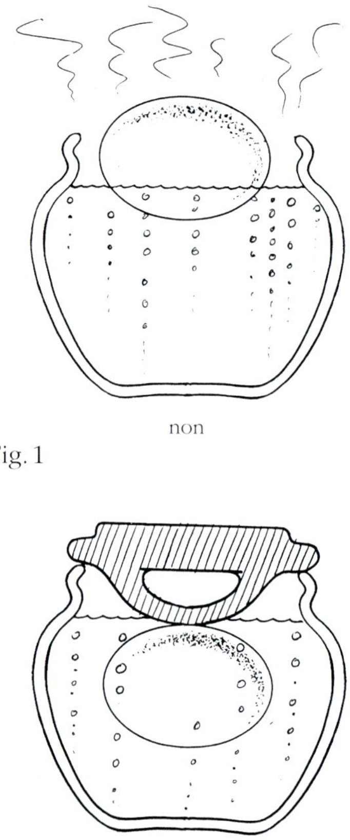

Fig. 1

1

La teinture à l'oignon permet l'utilisation de différents caches.

Cette photo d'étape montre la réalisation de caches en papier pour la décoration des modèles présentés en page ci-contre.

Les motifs sont réalisés à partir de feuilles de papier pliées en quatre, ce qui permet d'obtenir une bonne régularité dans les symétries.

2

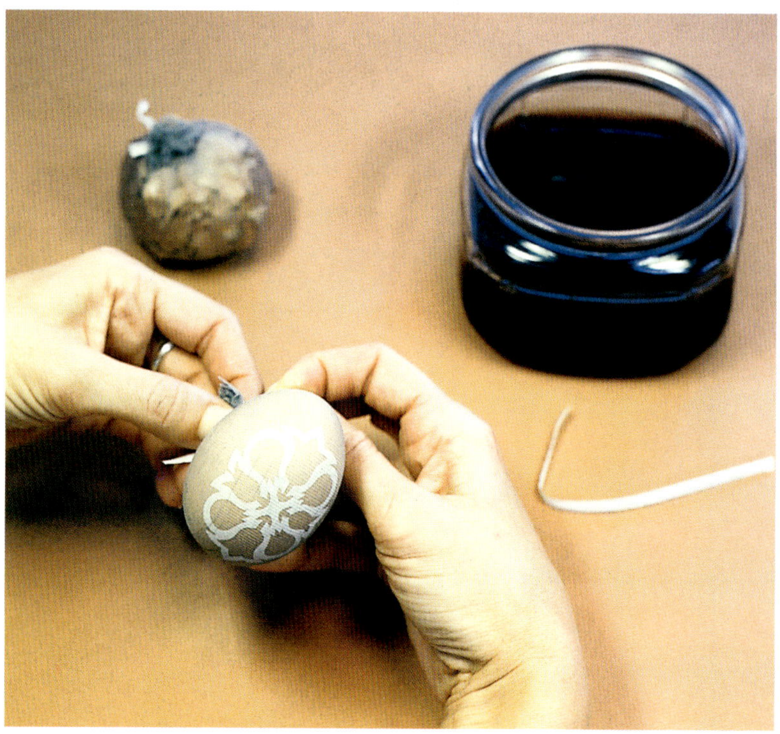

Placement et fixation des caches.

Hormis la confection des caches, la préparation et le procédé de teinture sont identiques à ceux utilisés pour les feuilles (p.6).

1

2

3

4

Batik

Le procédé de décoration demande une assez grande rigueur dans l'exécution des tracés, aussi ne choisissez pas un motif trop compliqué pour commencer votre travail et exercez-vous à dessiner sur les surfaces bombées. L'approche est ici très différente et vous oblige à raisonner dans l'espace et non à plat comme avec une feuille de papier. Pour cette raison, les motifs peints sur les œufs sont le plus souvent basés sur les constructions géométriques. Celles-ci découlant tout naturellement de la forme originelle de l'œuf.

Tout d'abord, marquez légèrement au crayon les lignes de bases de la construction. Chauffez ensuite votre porte-buse. Prélevez un peu de cire d'abeille dans le petit réservoir *(ph. 1)* puis faites-la fondre sur la flamme d'une bougie *(ph. 2)*.

Dessinez les motifs le plus régulièrement possible avec la pointe de la buse en évitant les mauvais traits, les retouches étant quasiment impossibles *(ph. 3)*.

Le dessin peut être effectué aussi avec une plume ou la tête d'une épingle fixée sur une baguette. Plongez l'œuf ainsi recouvert de cire dans un bain de colorant pour batik, froid ou légèrement tiède (en aucun cas trop chaud à cause de la cire). Pour l'adjonction d'eau à la préparation, conformez-vous aux indications du fabricant figurant sur le flacon.

Vérifiez de temps en temps le degré de coloration et, lorsque vous aurez obtenu la teinte souhaitée, enlevez l'œuf de la préparation. Agissez de la même manière lorsque l'œuf est composé de plusieurs couleurs. Procédez de la plus claire à la plus foncée en laissant bien sécher entre chaque bain.

Approchez, en final, l'œuf de la flamme de la bougie et essuyez-le avec un chiffon doux dès la fonte de la cire. Apparaissent alors très nettement les motifs des différentes couleurs au fur et à mesure que la cire disparaît dans le chiffon, chaque tracé ayant préservé la couleur du bain précédent *(ph. 4)*.

C'est le moment magique où l'on découvre les motifs avec leurs régularités et leurs imperfections qui font tout le charme et la valeur d'une réalisation originale.

Les œufs peints à la cire d'abeille n'ont pas besoin d'être vernis car celle-ci confère une brillance satinée qui leur est propre.

Nota : Comme on ne peut enlever facilement les traits de crayon après la coloration de l'œuf, ceux-ci doivent être sommaires et marqués très légèrement (grandes lignes et points importants).

1

2

3

5

Grattage

Les motifs réalisés pour cet ensemble d'œufs sont le résultat du grattage de couches superposées de teinture et d'encre de chine.

En tout premier lieu, il faut teindre vos œufs avec de la teinture à base de pelures d'oignons. Ici, pas de cache. Trempez directement les œufs dans le bain de façon à obtenir une teinte moyenne *(ph. 1)*. Notez que les colorants chimiques, les peintures et les encres peuvent également convenir pour passer la teinte de base. Laissez sécher.

Peignez les parties désirées à l'encre de chine le plus régulièrement possible.

Choisissez des formes simples telles que bandes, losanges, oves, ronds, etc *(ph. 2)*.

Esquissez les motifs sur la partie encrée avec un crayon blanc sans trop appuyer puis repassez chaque tracé à la pointe sèche ou au cutter en grattant l'encre de chine. Si vous grattez doucement, vous distinguerez la couleur de base. Si vous le faites plus fort, apparaîtra la couleur de la coquille. Disposant ainsi de deux qualités de traits, vous n'aurez aucun mal à créer des effets et des nuances en jouant avec les deux couleurs.

Construisez toujours votre dessin dans les grandes lignes et apportez progressivement chaque détail *(ph. 3 et 4)*. Les gestes doivent être souples et francs. Les retouches à l'encre sont possibles à condition qu'elles ne concernent que des détails. Terminez votre dessin *(ph. 5)*.

4

Le grattage peut s'effectuer au gré de votre fantaisie, directement au cutter sur la teinte de base de l'œuf *(voir p. 14)*.

Pour ces trois modèles, la teinte de base est obtenue non par un bain de teinture ou de colorant mais par une solution de peinture et d'encre de chine.

Le phénomène de répulsion réciproque qui en résulte provoque des matières et des effets de surface aléatoires très intéressants sur le plan graphique. On observe généralement ce phénomène avec des couleurs non miscibles *(voir p. 32)*.

Collage papier

Collage "patchwork"

Coller une surface plate sur un œuf paraît, au prime abord, impossible sans faire apparaître de plis. Cependant avec de petits morceaux de papier soigneusement coupés, on peut couvrir entièrement et correctement un œuf. C'est l'objet de cette technique.

Rassemblez papier cadeau et photos de magazines. Coupez et assemblez les morceaux en ajustant les formes de façon à éviter les superpositions. Collez chacun d'eux avec de la colle à papier peint *(voir photo ci-contre)*. Celle-ci a l'avantage de bien détremper les morceaux de papier, les rendant ainsi plus faciles à poser sur la surface bombée de l'œuf. Une fois le collage entièrement sec, quelques petits traits noirs réalisés au rapidographe pour symboliser les coutures donneront à votre modèle un aspect "patchwork".

Protéger et transporter vos œufs

D'aussi jolies réalisations se trouveraient un peu dépourvues sans un conditionnement approprié pour les protéger, les transporter ou les offrir. Aussi, pourquoi ne pas leur créer une petite boîte assortie en carton. L'essentiel est qu'elle maintienne l'œuf emprisonné. La remarque peut s'appliquer à n'importe quel œuf de cet ouvrage.

1

2

Collage en fuseaux

Le collage en fuseaux comprend deux contraintes incontournables : les dimensions de l'œuf choisi (A, l'arc de hauteur ; B, le tour de l'œuf). Le système utilisé prévoit la mise au point d'un plan de base (à adapter aux dimensions de votre œuf, *voir schéma ci-dessous*, et à appliquer à l'image choisie).

Attention : pour ce type de transposition d'images, évitez de positionner les éléments importants, tels que des visages par exemple, sur les bords inférieurs et supérieurs du rectangle. Vous risqueriez de les entrecouper. Placez-les plutôt pour les placer le plus près possible de la bande centrale, et réservez le haut et le bas pour des éléments neutres tels que le ciel, les feuillages, le sol...

Dessinez votre patron sur le verso de l'image choisie, après vous être assuré des bonnes dimensions.

Découpez les fuseaux *(ph. 1)*, laissez-les attachés par trois à la bande centrale.

Encollez l'image ainsi coupée et appliquez-la sur l'œuf morceau après morceau *(ph. 2)*. Utilisez, en couches fines, de la colle à papier peint. Le papier perdra sa transparence en séchant, se tendra et deviendra lisse.

La réussite du collage est ici directement liée à la précision des découpes et à leur positionnement sur l'œuf. Leur superposition étant par endroit quasiment inévitable, il est conseillé pour cette raison de choisir des papiers fins (magazines).

Evitez de vernir, la brillance du papier choisi doit suffire à donner au modèle son éclat discret et son charme.

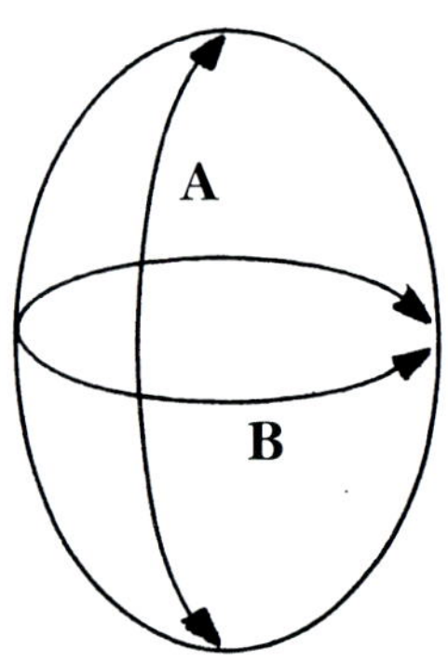

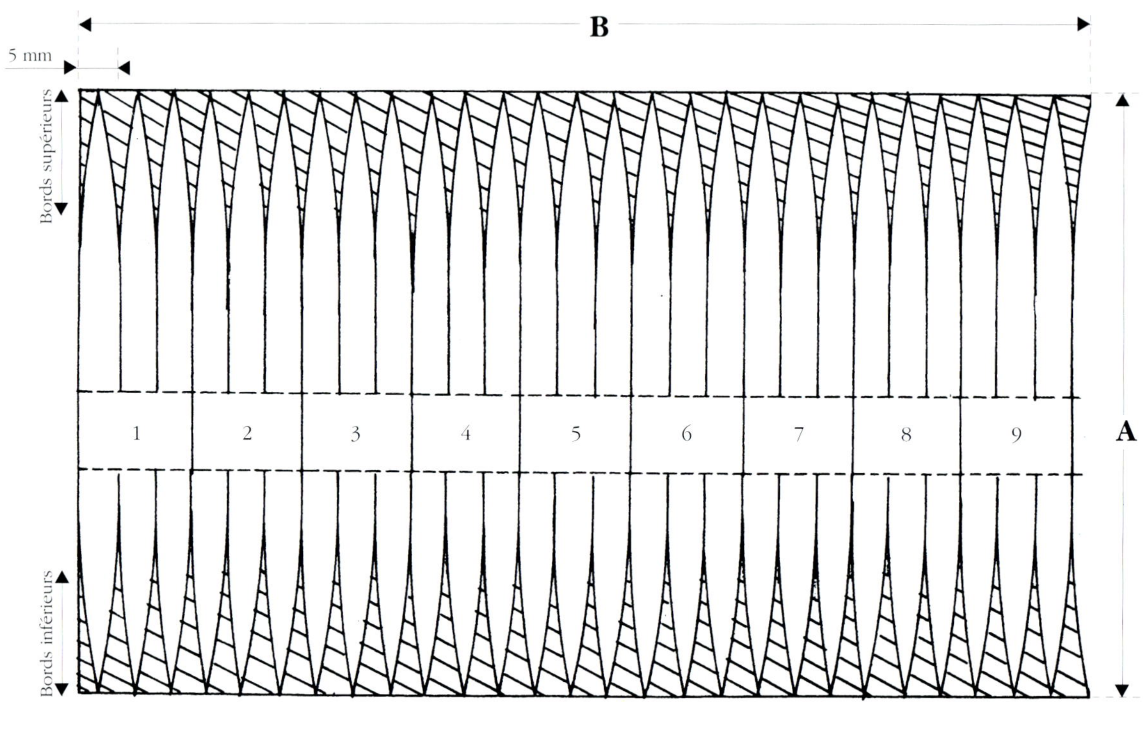

Trait de coupe

Dessin à la mine de plomb

Le dessin à la mine de plomb directement sur la coquille nécessite une surface impeccable. Choisissez pour cela des œufs bien lisses, tels que les œufs de canard et de poule. Si votre choix se porte sur un œuf d'oie, poncez-le légèrement au papier de verre à grains extra-fins car sa coquille est en général un peu rugueuse.

Pour dessiner, utilisez des crayons HB. Taillez-la très souvent de telle sorte qu'elle soit toujours très pointue.

Comme pour la technique du grattage, commencez par ébaucher les grandes lignes puis ajoutez progressivement chaque détail et chaque ombre en réservant les lumières.

Pour effacer un trait maladroit, utilisez le cutter plutôt que la gomme. Evitez de toucher ou de frotter les parties dessinées. Tenez l'œuf de préférence dans un chiffon et manipulez-le avec précaution.

Fixez le dessin en le vaporisant de vernis mat.

Les parties les plus claires font apparaître la couleur de la coquille. Certains œufs légèrement beige, ivoire ou rose peuvent être rehaussés de couleurs de même camaïeu *(voir p.21)* ou dans des tons coordonnés.

Appliquée aux œufs, la technique de la mine de plomb permet d'infinies possibilités de création graphique, de la plus sage à la plus fantaisiste.

L'œuf transposé à l'échelle de l'homme peut donner par exemple une dimension symbolique originale permettant la création de nombreux personnages stylisés tels que ceux présentés ci-dessous et en page 20.

Réalisation d'un décor à la mine de plomb.

La fantaisie n'exclut pas la précision du trait.

Crèche réalisée à la mine de plomb.

Son conditionnement en carton recouvert de papier décoratif montre qu'il est possible de protéger les œufs et de les présenter dans un espace adapté. La partie supérieure et le panneau de face se rabattent pour former une boîte complètement fermée.

1

Mosaïque

Fig. 1

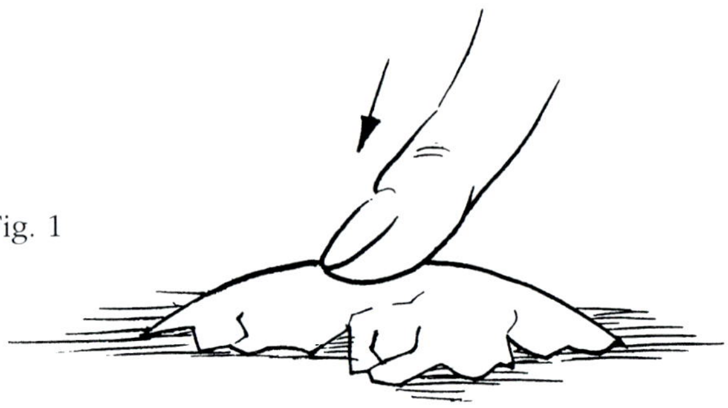

Naturelles ou colorées, les coquilles sont cassées en très petits morceaux permettant plus de finesse dans la réalisation. Choisissez l'œuf, support de votre mosaïque, et définissez la teinte de base qui le recouvrira entièrement (ou gardez la teinte naturelle de la coquille).

En règle générale les meilleurs résultats s'obtiennent avec des morceaux de teinte moyenne ou claire sur base foncée et vice versa.

Colorez vos coquilles, côté bombé, avant de les réduire en morceaux *(fig. 1)*. Les couleurs utilisées peuvent être de la peinture, des encres ou tout autre procédé de coloration.

Marquez légèrement les motifs au crayon sur l'œuf à décorer. Enrobez de vernis un morceau de coquille, prélevez-la avec une pointe et appliquez-la, côté bombé vers vous, pour obtenir une meilleure adhérence sur la surface de l'œuf *(ph. 1)*. Continuez, de la même manière, l'application des morceaux suivants.

Positionnez chaque morceau en le faisant glisser doucement sur la coquille de l'œuf.

La forme des morceaux a son importance, elle conditionne le bon assemblage. Chaque pièce posée délimite l'espace destiné à la pièce suivante.

Ici, pas besoin de vernir à nouveau, les pièces étant déjà brillantes.

Deux autres vues de l'œuf présenté en haut à gauche, page ci-contre.

Application de paille

C'est une des techniques les plus simples, elle ne demande pas beaucoup d'aptitudes au dessin, juste un peu de goût pour arranger les brins de paille. Elle est, en cela, bien adaptée pour les débutants.

Coupez en premier lieu les brins de paille de 10 à 12 cm de longueur. Trempez-les dans l'eau tiède. Laissez-les ainsi reposer pendant un jour ou deux.

Ouvrez-les sur la longueur avec un cutter *(fig. 1)* et enlevez les irrégularités intérieures avec une lame de rasoir *(fig. 2)*.

Repassez les brins à plat avec un fer pas trop chaud pour bien les aplatir. Ils sont maintenant prêts à être découpés finement pour la décoration de l'œuf.

Colorez l'œuf avec le procédé de votre choix, la teinte doit être relativement foncée pour mieux faire ressortir les brins de paille.

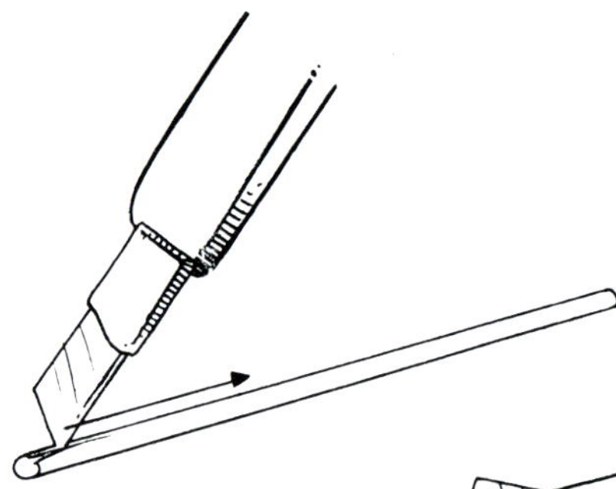

Fig. 1

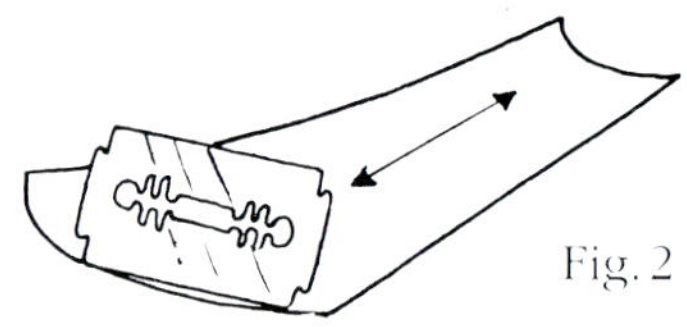

Fig. 2

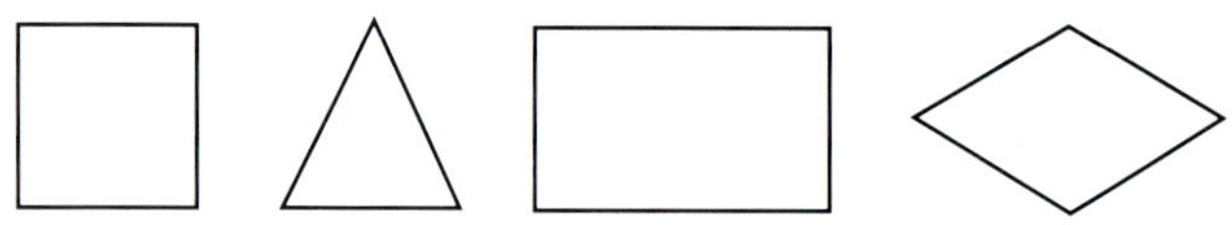

Fig. 3

1

Découpe des brins de paille.

Tracez les grandes lignes des motifs au crayon *(fig. 4)*. Avec une paire de ciseaux, découpez dans les brins de paille, les pièces qui serviront à la décoration en leur donnant les formes souhaitées *(fig.3 et ph.1)*. Etalez, sur une feuille cartonnée, 3 à 4 cm² de vernis. Plongez-y la pièce désirée, retirez-la et appliquez-la sur votre œuf en suivant les tracés du décor.

Aidez-vous pour cela d'une pointe sèche *(ph.2)* ; à défaut, utilisez une aiguille fixée en haut d'une tige ou dans un porte-mine. Poursuivez l'application des pièces suivantes de la même manière.

L'ensemble terminé, passez une nouvelle couche de vernis.

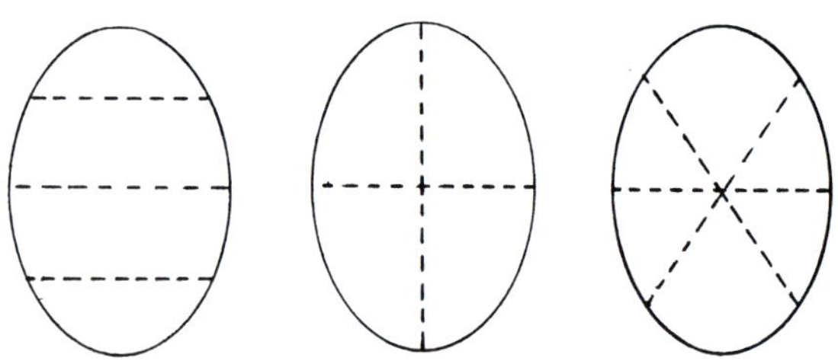

Fig. 4

2

Application des brins découpés. L'opération s'effectue avec du vernis, plus facile à utiliser que la colle universelle notamment en ce qui concerne l'ajustage des brins.

Plastiline

Le travail avec la plastiline se décompose en deux étapes importantes : la préparation de chaque pièce (le modelage) puis la disposition des éléments sur l'œuf.

Plutôt que de poser directement, sur votre œuf, les éléments réalisés en plastiline ; ébauchez au préalable, sur papier, les grandes lignes du décor souhaité.

Confectionnez les petits motifs en plastiline en les modelant, à votre guise, avec un cutter, un coupoir, une petite gouge ou toutsimplement avec les doigts *(ph. 1)*.

Reportez délicatement au crayon sur l'œuf les points de repères essentiels. Pour les motifs et les frises qui font le tour de l'œuf, prenez la mesure de la circonférence de l'œuf et divisez-la par le nombre d'intervalles composant votre frise afin qu'il n'y ait aucune irrégularité entre eux et que vous puissiez raccorder les deux extrémités de la frise avec précision.

Plongez tous vos éléments dans de l'eau bouillante après vous être assurés de l'exactitude de leur forme et de leur dimension. En effet, plus question pour vous de les remodeler après la cuisson, ils se casseraient.

Recouvrez votre œuf d'une couleur de base (peinture acrylique par exemple). Laissez sécher puis collez vos éléments de plastiline avec de la colle universelle *(ph. 2)*.

La plastiline existe en plusieurs couleurs, ce qui permet des compositions polychromes. Entourez votre œuf de beaucoup de soins car il restera plus fragile qu'un œuf sans relief.

Nota : Pour éviter de casser les reliefs, ne confectionnez-pas de motifs trop proéminents mais plutôt des formes compactes sans points vulnérables.

1

Modelage des pièces.

2

Pose des pièces.

Encre de chine

On distingue dans les décors réalisés à l'encre de chine, deux types de dessins, les dessins à tracés géométriques et les dessins fantaisie faisant appel à des éléments graphiques irréguliers.

Les premiers nécessitent une construction rigoureuse (les exemples reproduits ci-dessous montrent quelques principes d'élaboration des figures). Les autres, au contraire, sont les reflets d'une vision plus figurative (fleurs, feuilles, vagues, mosaïques, etc). Ils ne nécessitent pas de grandes lignes ou de repères et s'exécutent directement à main levée au rapidographe ou au pinceau fin, après la pose de la teinte de base. De toute façon la difficulté de report d'un tracé à plat sur la surface bombée de l'œuf exclut toute épreuve préalable du dessin sur papier.

Par contre, pour les dessins géométriques construisez toujours la grille de base des motifs au crayon, directement sur l'œuf avec une mine bien aiguisée et sans trop appuyer *(ph. 1)*. La régularité de la construction est primordiale car les rectifications de tracés sont impossibles à effectuer sur les zones déjà recouvertes d'encre de chine, d'où l'importance du facteur "précision" au moment du tracé. Passez l'encre de chine *(ph. 2)*.

Plus délicates demeurent les mises au point des dessins comportant des symétries *(la libellule p. 1)*. Elles nécessitent une maîtrise parfaite du trait. Choisissez toujours, au départ, un modèle assez facile à exécuter et continuez avec des modèles de difficulté croissante.

Observez les mêmes règles de prudence dans l'exécution des dessins à l'encre de chine que pour les décors à la mine de plomb.

Nota : il convient de gommer les traits de construction après l'exécution du dessin à l'encre et avant le vernis final.

1

Tracé au crayon.

Construction de l'œuf à croix noires.

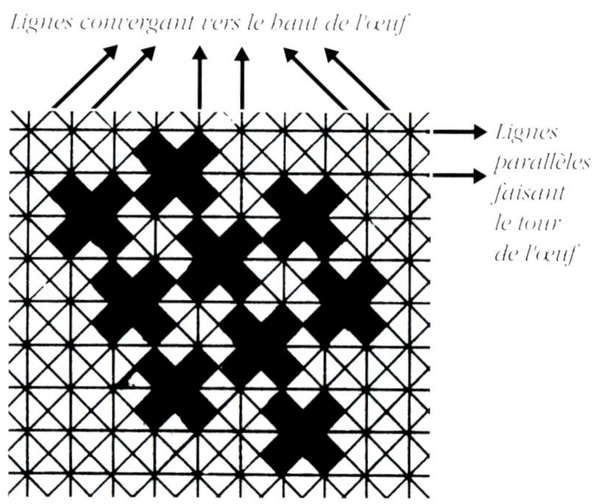

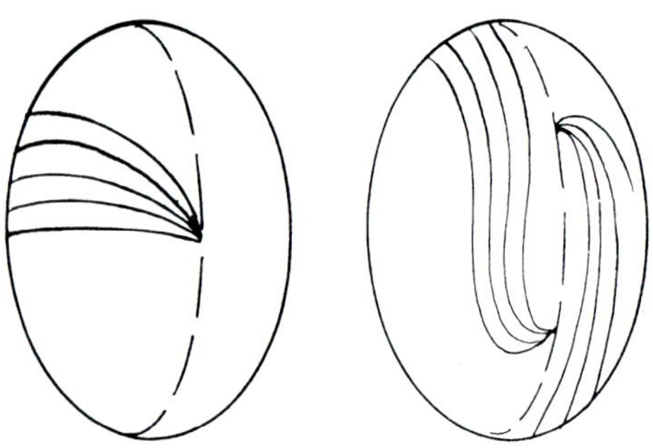

Deux façons de commencer le tracé les figures.

2

Coloration des motifs à l'encre de chine.

Peintures

Les plus faciles d'emploi sont les gouaches acryliques à grand pouvoir couvrant, elles donnent des aplats bien homogènes. Elles sont recommandées pour les superpositions de couleurs.

La technique utilisée (peinture) est certainement une des plus accessibles aux débutants. Elle permet une grande souplesse dans les recherches polychromes et s'adapte à de nombreux styles de dessins.

Prévoyez plusieurs qualités de pinceaux, gros, moyens et fins (les gros pour la teinte de base, les moyens pour les zones intermédiaires et les fins pour les détails).

Placez l'œuf sur une tige en bois, passez la teinte de base, tracez sommairement les lignes de construction au crayon et exécutez votre décor. Celui-ci recouvrira le plus souvent les lignes de construction et vous n'aurez donc pas à les faire disparaître.

Cette technique favorise un traité très libre, idéal pour commencer à décorer.

Les modèles ci-dessous montrent les lignes de construction des œufs et donnent un aperçu des décors que vous pourrez adapter.

Les couleurs utilisées ayant un aspect assez mat, réveillez l'ensemble, une fois votre travail terminé, par la pose d'un vernis.

Encre et Peinture

Encre et peinture sont associées dans un procédé original basé sur le phénomène de répulsion de l'une et de l'autre.

Il met en évidence l'impossibilité de mélanger les couleurs entre-elles pour former une teinte homogène et uniforme. On peut quelquefois observer ce phénomène avec deux peintures de compositions différentes.

La technique "encre et peinture" consiste à tirer parti des irrégularités dans les couleurs occasionnées par les différences de densités et de compositions des produits en présence, produisant des dessins d'une grande qualité graphique.

En infléchissant le mode de répartition des couleurs pendant la coulée des produits sur la coquille de l'œuf, vous pouvez créer des décors insolites et uniques (jamais deux fois le même).

Pour commencer, placez l'œuf sur une tige en bois du diamètre de son orifice. Faites couler les peintures (prévoyez-les assez liquides) du haut vers le bas avec un pinceau. Procédez ainsi couleur après couleur et terminez avec de l'encre de chine avant que les premières ne sèchent.

Avec votre pinceau, aidez le hasard à former les coulées à la surface de l'œuf pendant la durée des opérations successives.

Malgré le fait que cette technique très simple ne demande pas de connaissances en dessin, procédez cependant à quelques essais préalables pour vous familiariser avec les tours de mains.

Rehaussez vos couleurs en posant, en final, une couche de vernis.

Travaux au vinaigre

Gravure en surface

Aucune teinture, aucun colorant. Les différentes teintes de ces œufs sont obtenues uniquement par morsures successives au vinaigre qui agit ici en tant qu'acide. La couleur la plus foncée de chaque œuf est celle de sa coquille, la plus claire est celle qui correspond au temps de morsure le plus long.

Pour commencer, marquez légèrement les tracés choisis au crayon. Passez ensuite la cire d'abeille *(voir Batik p. 10)*. Ne recouvrez pas les traits, de manière à ce qu'ils disparaissent pendant la morsure. Réalisez ainsi les premiers éléments du décor, la cire d'abeille agira comme cache et préservera donc la teinte de départ avant la morsure du vinaigre *(ph. 1)*.

1

Plongez l'œuf dans le vinaigre *(ph. 2)* après avoir pris soin de boucher son orifice avec une petite boule de cire. Le temps de morsure varie entre 10 mn et 2 h selon que l'on veut obtenir une teinte claire ou complètement blanche avec des creux prononcés.

Après la morsure, rincez votre œuf et poursuivez l'exécution des caches suivants, de nouveau avec la cire d'abeille. Même principe, épargnez chaque fois la zone dont vous voulez conserver la teinte. N'enlevez pas la cire d'une morsure à l'autre. Il n'est pas utile de remettre de la cire sur les zones déjà recouvertes.

La gravure étant terminée, enlevez la cire d'abeille *(voir Batik p. 10)*, l'ensemble apparaît alors comme un camaïeu de tons naturels très doux et donne toujours un excellent résultat.

Attention : évitez les coulures de cire d'abeille pendant la réalisation des caches, vous seriez obligé de recommencer.

2

Pour l'immersion complète de l'œuf, placez un objet assez lourd au dessus de votre bocal de vinaigre. Pour éviter le point de contact, tournez l'œuf périodiquement de façon à ce qu'il soit uniformément attaqué.

1er masque

2e masque

Deux étapes du principe de cache en cire ayant servi à la gravure de l'œuf quadrillé (p. 37).

3

Pratiquer des ouvertures

Dans cette technique, le vinaigre n'agit pas comme agent décolorant comme pour la gravure en surface. Il permet de pratiquer de vraies ouvertures dans la coquille même.

La cire d'abeille intervient là encore comme cache des parties préservées mais le vinaigre agit ici plus longtemps. Les temps de morsure utilisés permettent d'attaquer complètement la coquille de telle sorte qu'il ne reste rien d'elle à l'emplacement des zones exposées.

Reportez au crayon les tracés du décor *(ph. 1)*, passez ensuite la cire d'abeille *(ph. 2)*.

Placez votre œuf dans le vinaigre. Laissez agir entre 2 et 10 heures selon le type de coquille utilisée *(ph. 3)*.

Otez la membrane interne de la coquille au cutter *(ph. 4 et 5)*. Celle-ci n'étant pas sensible aux attaques du vinaigre, elle reste toujours après les morsures.

Décorez alors votre œuf à votre guise en tirant parti des ouvertures pratiquées *(ph. 6 et 7)*. En général, le décor d'un œuf se conçoit au préalable dans sa globalité. Ouvertures et parties peintes doivent former un tout cohérent où humour, imaginaire, originalité doivent se retrouver pour le plus grand plaisir des yeux.

6

7

Coloration de l'œuf par projection, à la brosse à dents, après la pose des aplats à la gouache.

1

2

3

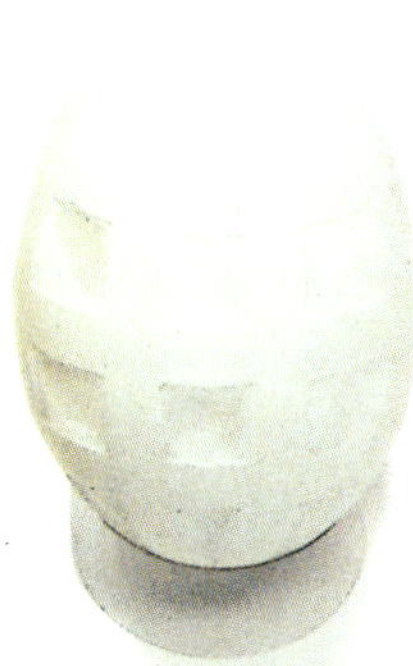

4

5

Réalisation d'une ouverture échancrée.

Etape du ponçage au papier de verre très fin, enroulé sur lui-même pour épouser la forme de l'échancrure.

1

2

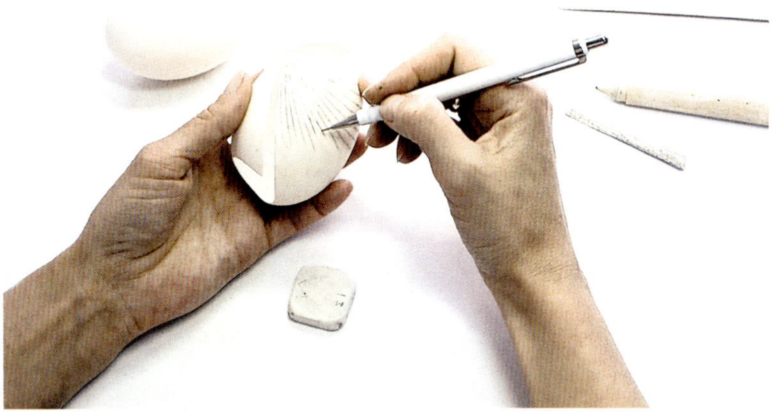

Etape du tracé préalable des bandes.

Eléments amovibles

Par gravure totale (disparition de la coquille sur toute son épaisseur à l'endroit exposé), il est possible de détacher une partie de celle-ci pour en faire un élément amovible. Le principe consiste tout simplement à réserver une ligne fermée au moment de la pose des caches en cire *(photo du bas p.37)*. Dans ce modèle, elle a servi à dégager le couvercle, mais auparavant, une gravure de surface a été nécessaire pour réaliser les motifs en reliefs *(p.34)*.

La mise en couleur est monochrome (peinture noire argentée exécutée en aplat dans les creux et par un mouchetis sur les reliefs).

Trois perles forment les pieds et un galon noir collé autour de l'ouverture permet de fixer le couvercle.

Echancrures

Elles sont réalisées par gravure totale de la coquille, les caches en cire correspondant, bien sûr, aux parties à peindre.

Construisez votre décor autour des ouvertures *(ph.2)* puis exécutez les bandes noires à l'encre de chine directement sur la coquille dans le cas où vous voudriez garder sa teinte naturelle comme base.

Si vous préférez partir d'une base colorée, passez d'abord la couleur de fond et exécutez les bandes noires à l'encre de chine dans un second temps.

Cette technique demande beaucoup de précautions dans l'exécution des décors car la gravure fragilise la coquille dans des proportions importantes par rapport aux œufs uniquement peints. La touche de vernis finale la renforcera et lui donnera l'éclat que la peinture ne peut pas toujours restituer.

Sculptures-œufs

Cette technique montre une autre utilisation des ouvertures pratiquées dans la coquille. Jamais détournement de la forme n'avait été aussi évident. L'illusion est totale car les ouvertures étant obstruées, l'œuf garde une forme pleine et donne l'impression d'avoir été sculpté *(voir ci-contre).*

Effectuez les ouvertures *(voir p. 36)* sur le même principe que pour les précédents modèles *(ph. 1 et 2).* Poncez légèrement les bords. Pliez soigneusement un carton fin en deux. Pour faciliter la pliure, incisez légèrement le carton à l'aide d'un cutter. Positionnez-le dans l'ouverture puis, avec un crayon bien affûté, reportez le tracé sur le carton en faisant glisser votre mine sur la coquille *(ph. 3).*

Découpez le carton selon le tracé obtenu *(ph. 4).* Ajustez-le sur l'ouverture, collez-le avec de la colle universelle puis poncez légèrement avec du papier de verre fin *(ph. 5 et 6).* Les ouvertures ne nécessitent pas toujours de plier le carton, vous pouvez le monter à l'intérieur de l'œuf en le formant entre vos doigts avant le collage.

Pour certains modèles, il est nécessaire de fragmenter complètement la coquille et de reconstituer des éléments pleins avec du carton. C'est le cas du modèle présenté en haut de la page ci-contre (les éléments formés étant des ron-delles tenues en leur centre par de petits cylindres de carton). Les parties inférieures et supérieures sont également fermées par un rond de carton et permettent de recevoir la partie reconstituée. Lorsque les parties découpées n'ont que des points de contact entre-elles, il faut les assembler dans l'espace avec de discrets points de colle.

La décoration de cet ensemble d'œufs est réalisée par deux mouchetis (un noir et un blanc) sur une base monochrome, l'effet rendu donne l'impression de la pierre *(ph. 7).*

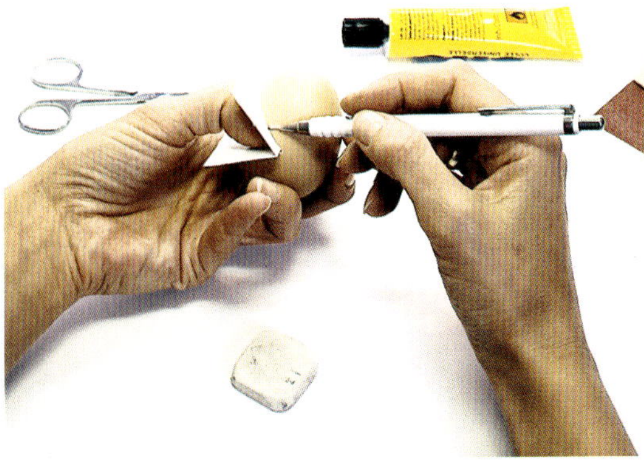

3

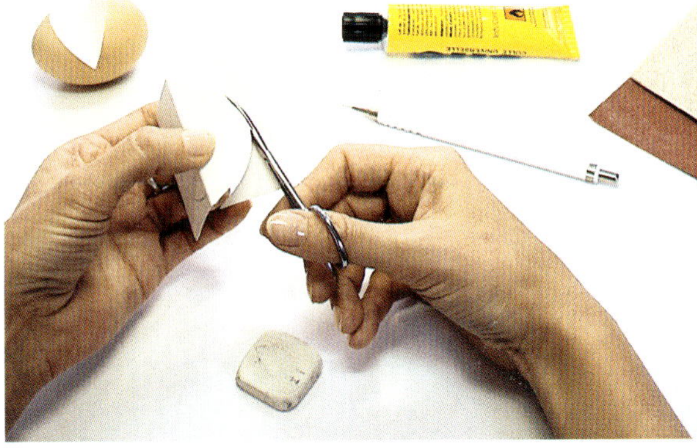

4

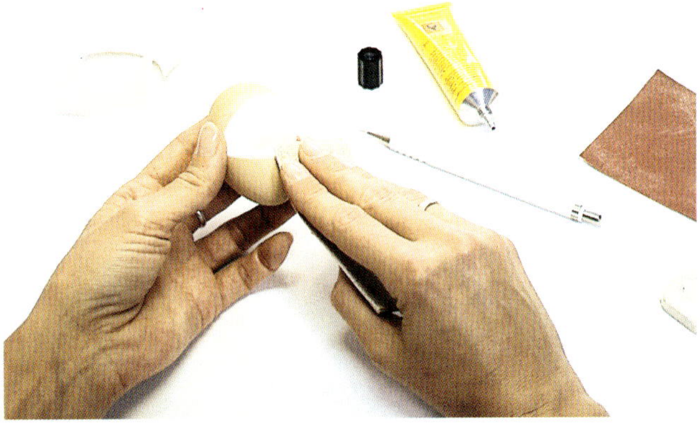

5

1

2

6

7

Sablage

Le sablage est un procédé très simple qui consiste à recouvrir totalement ou partiellement la surface de l'œuf avec du sable de manière à lui donner un aspect granuleux. Ce procédé peut être associé à d'autres techniques de décoration comme la gravure par exemple. Dans ce cas, le sablage s'effectue après la gravure puisqu'il concerne, au même titre que la peinture, le traitement de surface des coquilles.

1

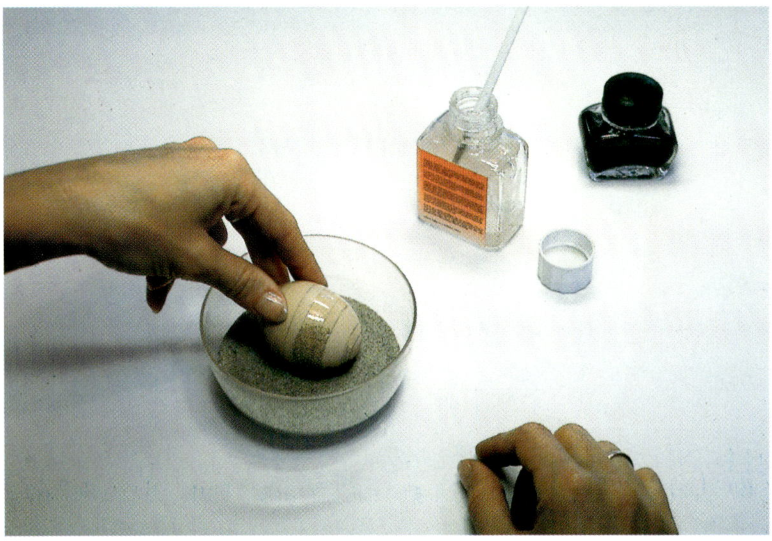

2

3

Définissez précisément les zones à sabler. Au besoin, tracez-les avec un crayon. Passez ensuite du vernis (ou de la colle, *ph. 1*) sur les zones sélectionnées et faites rouler votre œuf dans un récipient contenant du sable. Celui-ci se fixera sur les parties vernies. Laissez bien sécher et passez un coup de pinceau pour enlever l'excédent de sable *(ph. 2)*.

Appliquez les couleurs (encre ou peinture, *ph. 3*) et laissez sécher.

Une touche finale de vernis permettra de bien distinguer les parties sablées des parties non sablées.

Si vous désirez mettre l'accent sur cet effet de matière, n'utilisez qu'une seule couleur, de préférence assez foncée. Les quatre étranges monolithes que forme l'ensemble ci-contre soulignent l'importance de la base monochrome dans ce type de décoration.

Idées

Ce chapitre est plus particulièrement réservé à l'originalité et à la fantaisie. Œufs-ballons, œufs-valises, œufs-puzzles,... place aux modèles les plus fous.

Voici venu pour vous l'occasion de mettre à profit les conseils dispensés tout au long de l'ouvrage en associant les techniques entre-elles.

Œufs-ballons

Ils sont de deux sortes, les ballons dessinés et les ballons peints. Les premiers étant décorés directement sur la coquille, les seconds faisant l'objet d'un petit traitement de surface.

Pour ces derniers, délimitez les différentes parties composant le ballon. Reportez les tracés et remplissez régulièrement chaque zone de petits points de cire d'abeille *(ph. 1)*, sans vous approcher des tracés. Laissez bien sécher.

Les points constituent les reliefs du ballon. Passez ensuite la base en gouache acrylique *(ph. 2)*. Terminez par les détails réalisés à la peinture blanche ou à l'encre de chine. Remarque valable aussi pour les ballons dessinés à la mine de plomb.

La distribution régulière des points de cire d'abeille tient compte des lignes principales du dessin.

1

La mise en couleurs se fait après séchage complet des points de cire.

2

Nota : là encore, la précision des tracés tient essentiellement à la régularité de la construction notamment pour les ballons à grille pentagonale. Mesurez, placez des repères, vérifiez que les tracés concordent d'un sens comme de l'autre et établissez les grandes lignes de votre dessin avant d'y apporter les nuances.

Œufs en briques

L'insolite des éléments représentés donne une preuve de la souplesse des techniques utilisées quant à leur adaptation au thème.

Technique utilisée : "gravure en surface" *(voir p.34)* pour la réalisation des joints.

Œufs-puzzles

Technique utilisée : "encre et peinture" coulée *(voir p.32)*. Tracez le contour des pièces à l'encre de chine. Marquez les éclats sur le bord des pièces avec de la peinture blanche.

Œufs-valises

Techniques utilisées : "peintures" pour la base *(voir p.30)*, les lanières, les poignées et les piètements sont réalisés en cire d'abeille. Laissez-les sécher.

Pour la confection des étiquettes, reportez-vous au "collage-papier" *(voir p. 15)*.

Confectionnez la petite malle avec du carton.

DHL
SAFARI

Pointillisme

Petite note picturale avec cette série d'œufs réalisés en pointillisme sur des bases régulières.

Ils sont décorés, quelles que soient leurs tailles, avec de la peinture et, en final, protégés par la pose d'une couche de vernis.

Nous souhaitons que les techniques et les explications développées
tout au long de ce livre vous auront captivé.
Elles n'avaient pour but que celui de vous inciter à dépasser sans cesse vos limites
et de vous donner, ainsi, l'envie de concevoir vos propres modèles.